S MVRIS

NOTICE HISTORIQUE

SUR

LA MAISON DE SAINT-MAURIS

EN FRANCHE-COMTÉ

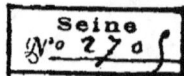

DÉPOT LÉGAL

1894

L'origine et les commencements de la maison de Saint-Mauris ne sont pas connus. Il en est ainsi pour la plupart des familles chevaleresques, celles que l'on désigne ordinairement sous la dénomination de *Gentilshommes de nom et d'armes*. Gaulois, Romains, Francs ou Bourguignons ? c'est un problème que l'on essaierait inutilement de résoudre pour les familles les plus nobles, excepté peut-être pour quelques maisons souveraines et leurs rameaux agnatiques. L'origine de la noblesse de ces familles est ordinairement cachée dans la nuit des âges, et cette absence de preuves contraires établit, en faveur de son antiquité sans bornes, un préjugé regardé comme certain quoiqu'il n'ait pas d'autres bases que l'obscurité des premiers temps de notre histoire. A chacune des conquêtes successives de la Gaule, l'*ingénuité* resta le privilège de quelques individus de la race conquise : plus tard, lorsque les différences de castes s'éta-

1

blirent d'une manière tranchée, la noblesse n'appartint pas non plus exclusivement aux descendants des conquérants; elle fut simplement la reconnaissance d'un fait complexe, l'aristocratie, qui de tout temps a existé et existera indépendamment de la lettre des constitutions. Ceux qui ne la possédaient pas pouvaient l'acquérir de plusieurs manières avant que les souverains eussent exercé le droit de la conférer par lettres d'anoblissement, sorte d'empiétement ou d'usurpation qui date en France, pour le royaume, de l'année 1279, et du milieu du xive siècle, au plus tard, pour les provinces réunies postérieurement à la monarchie. Cependant une filiation remontée à la dernière année du xive siècle, sans anoblissement connu, et témoignant que le dernier ascendant jouissait des qualifications de Chevalier ou d'Ecuyer, qui ne se donnaient alors qu'aux nobles de trois races, a toujours été admise par les généalogistes comme une preuve suffisante de Noblesse originaire. A l'époque des règlements les plus sévères, elle ouvrait les portes de tous les palais; car à celui qui avait ainsi prouvé sa génération, le Roi ne pouvait demander : Qui t'a fait noble? sans qu'il pût répondre : Qui t'a fait Roi? Les Seigneurs de Saint-Mauris ont fourni surabondamment à cette preuve nobiliaire.

Les premiers titres de leur maison sont des chartes de fondation dans les chapitres ou abbayes de la Franche-Comté. La plus ancienne, datée de l'année 1130, nous montre cette famille, établie dans le rayon de Besançon, riche, puissante et nombreuse, puisqu'elle mentionne huit enfants, chevaliers, religieux, chanoines ou chambellans de l'archevêque. Leur père, Richard de Saint-Mauris, chevalier, avait épousé Adeline de Montjoye, d'une famille, alors souveraine, qui disputa aux comtes de Montbéliard la possession de leurs Etats. Ses deux frères, Henri et Albert, chevaliers, dont le dernier comparaît avec ses cinq fils pour faire des fondations pieuses, sont également cités dans le même acte. Pendant tout le cours de ce siècle, la famille de Saint-Mauris enrichit les établissements religieux et y laisse son nom écrit dans les Cartulaires où, plus tard, elle ira chercher les preuves de son ancienneté. Ces œuvres pies, faites alors dans un but purement spirituel et sans aucun calcul mondain, ont néanmoins porté leur fruit et profité *temporellement* aux donateurs. L'Eglise recevait des nobles un patrimoine qu'elle partagea ensuite avec les descendants de ses bienfaiteurs. Par ce moyen, la substitution des fiefs a pu s'opérer, plus tard, dans les familles sans injustice, et la noblesse se maintenir plus longtemps comme corps politique. Lorsque la puissance royale finit par absorber toutes les autres et distribuer les grands emplois suivant sa volonté, les abbayes ouvrirent leurs archives, respectées par la guerre, aux petit-fils des donateurs et leur facilitèrent ainsi l'entrée de toutes les carrières. Remarquons ici, en passant, que l'érection des chapitres nobles, les bénéfices laïques, tout ce système d'appui réciproque entre l'Eglise et la Noblesse, que la philosophie voltairienne a représenté et représente encore aujourd'hui comme une espèce de *simonie* et une infraction monstrueuse à l'esprit évangélique, n'est, si l'on veut remonter à l'origine des biens ecclé-

siastiques, qu'un acte de simple justice, de haute mora-
lité et d'excellente *politique;* ce dernier mot devant être
compris dans l'acception la plus loyale qu'il soit possible de sous-entendre.

Au commencement du xiiie siècle, nous voyons les
Saint-Mauris posséder, sous la suzeraineté des Sires de
Neufchâtel, dix fiefs dans les montagnes du Jura auprès
de la petite ville de Saint-Hippolyte. Ils prennent dès
lors le titre de seigneurs de Saint-Mauris-en-Montagne
et se divisent peu après en deux branches, dont l'une
s'établit sur les bords du Doubs, où elle fonde un village
de son nom. Cette dernière se distingue aussi longtemps
par le sobriquet de *Sauvaget* qu'elle tire d'un de ses fiefs
dit la *Côte-Sauvaget.* Toutes les deux suivent la bannière
du même suzerain, bannière qui, à cette époque de divi-
sions intestines et de guerres extérieures, était plus souvent au plus épais de la mêlée qu'à l'ombre de la chapelle gothique. Leur activité ne trouve pourtant pas un
aliment suffisant dans les mouvements tumultueux de
leur pays : le testament de Pierre, Comte de Savoie,
contient un legs fait en récompense de ses services à
Hugues de Saint-Mauris, son écuyer. — Richard, frère
de Hugues, épouse l'héritière de la seconde branche de
sa maison. Il agrandit ses domaines dans le canton de
Saint-Hippolyte, où plus de quinze fiefs lui appartien-
nent.

Jusqu'alors, l'histoire de la famille de Saint-Mauris
se réduit à l'enregistrement du nom de ses membres;
les chroniques, rares et incomplètes, ne fournissent rien
sur leurs actions; c'est un tableau généalogique où ne

brille à chaque génération qu'un mot, *chevalier;* mais ce mot est à lui seul tout un récit. — La chevalerie était pour la noblesse, l'aristocratie du mérite, elle exigeait de celui qui prétendait à être admis dans cet ordre sublime une vie non seulement sans tache, mais illustrée par des exploits, *prouesse et bon renom.* A côté de la hiérarchie féodale, elle en tempérait les rigides effets : le chevalier-banneret marchait l'égal des princes comme l'égal du simple homme d'armes décoré de la même qualité que lui. Sous peine de déchéance, il devait pratiquer toutes les plus hautes vertus, fidélité, vaillance, piété et *courtoisie,* ce qui signifiait respect et protection pour les faibles. On peut affirmer hardiment d'un chevalier, sans connaître son histoire, qu'il a pris part, et une part brillante à tous les événements militaires accomplis de son temps, au xiiie siècle, c'est dire assez qu'il dormait toujours dans sa cuirasse. A mesure que l'obscurité se dissipe dans nos annales, et que les archives des familles fournissent des mémoires détaillés, nous voyons cette existence active et bienfaisante des chevaliers se dérouler en tableaux magnifiques; à la guerre, les princes invoquent leur secours, toujours accordé sans calcul des chances de succès; sur leurs terres, sentinelles attentives, ils protègent leurs vassaux contre le désordre et la destruction; pendant la paix, ils fondent des établissements charitables et dotent les couvents, ces arsenaux de la pensée, ces écoles d'agriculture, ces lieux de refuge contre la misère et le servage que la civilisation romaine avait apportés sur le sol gaulois. Tout ce qui dans ce temps a été fait de juste, de bon, de sagement progressif vers l'émancipation du peuple, est dû à l'influence de ces deux ordres providentiels, les Bénédictins et la Chevalerie.

Jean III de Saint-Mauris accompagna, aux dernières croisades, son parrain le Comte de La Roche. Soixante années auparavant, Othon, Comte de La Roche, de la Maison de Ray, avait conquis Athènes et Thèbes, et il avait créé en Grèce une principauté qu'il transmit à son neveu. Les généalogistes ne sont pas d'accord sur l'identité, cependant probable, de ces deux familles. Celle qui possédait le Comté de La Roche dans le voisinage de Montbéliard était puissante, alliée à la maison de Neufchâtel. Jean de Saint-Mauris, à son retour, épousa Simonne de Vennes, parente de son Seigneur. Il reçut en dot plusieurs droits utiles et honorifiques dans toute l'étendue des terres qui dépendaient du Comté de La Roche; la *Gardienneté* des villes et châteaux forts de la Franche-Montagne lui fut inféodée et héréditairement à ses descendants. Ces distinctions, cette marque de confiance peuvent faire présumer quelle avait été sa conduite pendant la guerre contre les infidèles; il n'en a pas été conservé d'autres détails; mais la réputation qu'il s'était acquise devait être grande et méritée, puisque son frère aîné, Jean, tige de la branche dite de Berchenet, se reconnut son vassal, quoiqu'il possédât des terres bien plus considérables que celles de son puîné. Cet exemple est frappant et d'une noblesse qui honore également les deux frères. Jean III fut la tige de la branche de Châtenois, dont la filiation s'est continuée sans interruption jusqu'à nos jours, filiation que nous suivrons plus parti-

culièrement que celle des autres branches. — Dans le
même temps, Hottenin de Saint-Mauris, septième frère
de Jean, se trouve au nombre des hommes d'armes du
duc de Bourgogne. Le Duché et le Comté étaient alors
sous deux dénominations différentes. Quelques années
après, ils furent réunis par le mariage de la Comtesse
Jeanne avec Eudes IV, Duc de Bourgogne. La famille de
Saint-Mauris fournit alors à la fois six hommes d'armes
au Duc. L'un d'eux, Richard, fit partie des États institués
pour former avec les gouverneurs un conseil de Régence,
pendant la minorité de Philippe dit de Rouvre.

Sous le règne de ce Prince commencent nos longues
guerres avec les Anglais, et la Franche-Comté donne au
grand, héroïque et malheureux Roi de France, Jean,
Régent de Bourgogne, des secours multipliés pour la
défense du territoire envahi. A l'approche de ce fléau,
toutes les rancunes cessent entre les Seigneurs. Thié-
baud de Neufchâtel, le suzerain des Saint-Mauris, fait le
sacrifice de ses querelles avec le Comte de Montbéliard;
il mène à la rencontre de l'ennemi du dehors les vassaux qu'il avait rassemblés pour une guerre civile, et
dispute pied à pied le sol de la patrie. Repoussés à
Brion, les Francs-Comtois ne se laissent pas abattre ; les
villes sont prises et brûlées, mais les châteaux résistent,
et après la réduction de leurs forteresses, les chevaliers
se rassemblent encore. Les Saint-Mauris prirent part à
cette lutte tenace, qui se termina par l'entière expulsion
des ennemis. Leur nom se retrouve dans les rôles de la
Cour de Dijon, dans les histoires, dans tous les monuments de cette époque, à côté de ceux des de Vienne,

des Cusance, des Vaudrey, des Grammont, les plus beaux et les plus illustres de la province.

Cependant tant de troubles avaient dû relâcher la discipline dans l'Etat, et tandis que chacun réparait les désastres occasionnés par l'invasion, ceux des seigneurs qui étaient enclins à la violence pouvaient penser que l'impunité leur serait acquise. Etienne d'Oiselay, maître d'un château fort situé à quatre lieues de Besançon, enlève l'abbé de Saint-Paul, à la suite d'une querelle privée. La rivalité entre les bourgeois de Besançon et les châteaux environnants était alors envenimée par des incursions fréquentes, dans lesquelles les Seigneurs d'Oiselay avaient presque toujours l'avantage ; pourtant cette fois, les vassaux de l'abbaye de Saint-Paul n'osèrent sortir, pour arracher de force le prélat à sa captivité. Ce furent les nobles de la province, et parmi eux Richard de Saint-Mauris, qui, réunis sous le drapeau de l'Église par l'Archevêque Amédée de Faucogney, firent le siège du château d'Oiselay. Cette petite croisade eut lieu en 1366, et l'abbé de Saint-Paul fut rendu à la liberté. — Trente-quatre ans plus tard, les Saint-Mauris entrent des premiers dans la confrérie religieuse et chevaleresque de Saint-Georges, restaurée en 1390 par Philibert de Molans, qui releva la fondation faite en 1315 ou 1348, par Odoard de Montagu (de la maison de Bourgogne). Cette association laïque avait pour but d'établir entre les membres une confraternité de dévotion, d'émulation héroïque dans l'accomplissement des devoirs de la chevalerie, et en même temps de donner, au nom de la confrérie, des secours de toutes sortes aux faibles qui les réclameraient. Elle a subsisté dans cet esprit jusqu'à ces dernières années, se réunissant le jour de saint Georges, sous la présidence d'un gouverneur élu, qui fut souvent tiré de la famille de Saint Mauris ; honneur précieux puisqu'il était conféré librement par des pairs.

Philippe *de Rouvre*, Duc et Comte de Bourgogne, mourut en 1361. Marguerite de France, veuve de Louis, Comte de Flandre, fut mise en possession du comté par l'énergique appui des Comtes de Montbéliard et de Neufchâtel. Les Saint-Mauris, alors au nombre de plus de vingt hommes d'armes suivirent la politique et la bannière de ce dernier. Marguerite de France laissa, en 1383, le comté de Bourgogne à son fils Louis de Male, qui n'en jouit qu'un an ; sa sœur, Marguerite de Flandre, l'apporta en 1384 à Philippe le Hardi, Duc de Bourgogne. En 1405, cette couronne était portée par le Duc Jean sans Peur. L'assassinat du Duc d'Orléans, en 1407, alluma la guerre civile en France, et la noblesse franc-comtoise fut plusieurs fois convoquée, afin de porter secours au Duc de Bourgogne. La description de ces *monstres* d'armes, qui réunissaient l'élite des deux provinces, se trouve dans les chroniqueurs et même dans les historiens. Ceux du comté de Bourgogne donnent les listes des chevaliers qui répondirent à l'appel du Souverain. Pour les années 1414 et suivantes, pendant lesquelles les guerres de Flandre furent conduites avec une animosité terrible des deux côtés, on trouve les Saint-Mauris à la tête de tous les dénombrements : ceux de la branche aînée faisaient partie des troupes du Comte de Neufchâtel, gouverneur de la Franche-Comté ; ceux de

la branche cadette suivaient la bannière de Louis de
Châlons, descendant des anciens princes du pays. C'est
à cette époque désastreuse que s'introduisirent dans la
Franche-Comté les sentiments d'éloignement pour la
France, qu'elle avait si bien servie sous le règne du Roi
Jean. L'assassinat du Duc Jean sans Peur changea cet
éloignement en haine. A peine la Duchesse Marguerite
avait-elle reçu la nouvelle de la mort de son époux,
qu'en l'absence de son fils Philippe le Bon, qui se trouvait alors en Flandre, elle dépêcha des ambassadeurs
vers tous les princes amis. Perrin de Saint-Mauris fut
envoyé en Savoie pour négocier, et la guerre s'étendit
aussitôt jusqu'en Picardie. En 1421, la Duchesse
assemble à Dôle les États de la province, qui répondent
à son appel par des subsides et des hommes. L'année
suivante, Philippe le Bon convoque en personne deux
parlements à Salins et à Dôle; nouveaux subsides; nouvelles levées. Le Duc vient ensuite à Besançon, où il
prête serment de fidélité à l'Archevêque pour les terres
qu'il tient en fief de lui. Les noms de plusieurs membres
de la famille de Saint-Mauris sont conservés dans les
titres de ces actes. — Etienne et Antoine de Saint-Mauris
furent écuyers, et Jean IV, leur frère, porte-bannière du
Duc de Bourgogne. Ils combattaient alors à côté de ces
mêmes Anglais que leurs pères ou leurs frères avaient
repoussés courageusement du pays ; mais le serment de
fidélité envers le Souverain était plus puissant que ces
souvenirs. Etienne commandait une division à la bataille
de Gâvre (1448), où les Liégeois révoltés furent anéantis.
Il se distingua surtout dans cette affaire et à celle qui en

fut la suite, à la prise du fort de Scanderberg : les historiens le citent comme un de ceux qui décidèrent du
succès de la journée. En 1451, il paraît comme témoin
et garant d'un traité passé au nom du Duc contre Thié-
baud de Neufchâtel et la ville de Besançon. Par ce traité,
la cité impériale admet le Duc comme protecteur, lui
donne part aux gabelles, aux autres droits utiles, recon-
naît sa juridiction, et consent à recevoir garnison.
C'est un des actes les plus importants de son histoire
municipale.

Jean IV de Saint-Mauris avait été écuyer et porte-
bannière du Duc Philippe le Bon ; il devint chambellan
du Duc Charles le Hardi, et passa au service du Roi
Louis XI, qui le fit son chambellan. Cette défection de
Jean IV n'entraîna personne de sa famille, car à la date
de la même année 1472, on voit Philibert, son fils, et
Claude Sauvaget de Saint-Mauris, son cousin, hommes
d'armes, dans les rangs de Bourgogne ; et après la mort
du duc Charles, Adrien de Berchenet de Saint-Mauris,
lieutenant au gouvernement du Comté pour le Roi de
Bohême. Il est à supposer que, dans cette occasion, le
chambellan de Charles le Hardi ne fit que suivre la politique de Jean de Châlons, prince d'Orange, fils de Louis
de Châlons, sous les ordres duquel la branche de Châtenois combattait pendant les guerres du Duc Jean sans
Peur. Les Francs-Comtois étaient alors divisés en deux
partis : l'un, Jean de Châlons à sa tête, favorisait les prétentions de la France sur le comté de Bourgogne, qui
appartenait en propre à Marie, fille de Charles ; le but
de Louis XI était la réunion de la Franche-Comté à la

France ; son prétexte, pour se mettre en possession des États héréditaires de la Princesse de Bourgogne, était le mariage projeté entre elle et le Dauphin ; la plus grande partie des Seigneurs francs-comtois, jaloux de leur indépendance, décidèrent Marie à épouser Maximilien d'Autriche, dont l'éloignement et la protection leur convenaient également. La bonne politique était peut-être du côté des partisans des Français ; le bon droit résidait certainement du côté des impérialistes. Jean de Châlons mit le Roi Louis XI en possession de la province et en fut nommé gouverneur. Mais les articles du traité secret, qu'il avait conclu en sa faveur avec la France, ne furent pas accomplis, et il devint peu après le chef de la rébellion, qui de toutes parts éclata contre Louis XI. La ville de Dôle donna le signal et soutint, en 1478, un siège heureux qui montra sous le jour le plus admirable la valeur et la constance de ses habitants. Dénuée de ressources et presque abandonnée par ses maîtres légitimes, la province continua pendant quinze années une guerre d'extermination. A la paix, en 1493, il n'existait plus que des ruines de châteaux dans les vallées du Doubs, de l'Oignon et de la Loue ; mais les Français avaient autant souffert que les Francs-Comtois, dont les brillantes manœuvres de partisans déconcertaient l'habileté des généraux de Louis XI. Cette guerre a laissé derrière elle beaucoup de ruines, dont on voit encore aujourd'hui les traces ; elle fut peut-être la véritable source de l'antipathie profonde des Francs-Comtois pour les Français, antipathie qui se manifesta constamment d'une manière hostile depuis lors jusque longtemps après la dernière

conquête. La politique de Louis XI était sans doute utile
et sage ; mais, cruelle et perfide, elle fit, partout où elle
échoua, des ennemis irréconciliables à son peuple.
Jean IV de Saint-Mauris, rentré en même temps que son
seigneur suzerain dans la ligne de la fidélité, dut prendre
part aux hardis combats de Jean de Châlons ; en 1480, il
fut chargé de la revue des compagnies nobles, et mourut
en 1483. Toute sa famille, comme nous l'avons dit, se
trouvait au service de l'Archiduc.

Voici quelle a été la fin du xvᵉ siècle, c'est-à-dire à
l'époque où la féodalité commençait à s'éteindre en
France, la position de la maison de Saint-Mauris. — La
branche de Sauvaget possédait, dans le voisinage de
Lisle-sur-le-Doubs, sept fiefs considérables ; elle était
près de disparaître, après avoir fourni un grand nombre
d'hommes d'armes et d'officiers aux comtes de Neufchâtel. — La branche de Berchenet s'était divisée ; un
nouveau rameau avait recueilli les biens de la maison de
Bustal, dont il avait pris le nom. Ses fiefs s'étendaient
sur la rive droite du Doubs, de Lisle à Lure ; ils com-
prenaient trois châteaux forts, Allenjoye, Bustal et Roye.
Jean V, représentant de cette branche, était gouverneur
de Neufchâtel et de Lisle. Les Berchenet, branche aînée,
établis sur les deux rives du Doubs, au-dessous de
Montbéliard, avaient les forteresses de Mathay et de
Bermont. Le gouvernement de Neufchâtel et de Lisle
leur appartenait également. Leurs forteresses étaient
commandées par des gentilshommes. Adrien de Saint-
Mauris, dit le Berchenet, fut investi, par le roi de
Bohême, de la Lieutenance du Comté de Bourgogne. —

La branche qui depuis porta le nom de Châtenois, autrefois si nombreuse qu'elle fournissait huit chevaliers aux Ducs, et des serviteurs à l'Église, était alors réduite à deux membres. Elle avait conservé les terres situées au berceau de la famille; dix fiefs lui appartenaient, entre Sancey et Saint-Hippolyte, sur les deux rives du Desoubre, au centre de la Franche-Montagne. La *Forte-Maison* de Belvoir était leur citadelle, et Pierre II, représentant de cette branche, avait en outre le commandement du château fort de Châtillon. — Tous ces fiefs entouraient le Comté de Montbéliard, contre lequel les Saint-Mauris gardaient la frontière.

Passée sous le sceptre de la maison d'Autriche, et plus tard sous celui de la branche d'Espagne, la Franche-Comté servit ces princes avec amour. Les régiments wallons, qui composaient la meilleure force des troupes espagnoles, étaient fournis en grande partie par les Francs-Comtois. A la bataille de Pavie, Hugues de Saint-Mauris fit si bien de sa personne, que Charles-Quint l'arma chevalier. Marc de Saint-Mauris commandait un corps de 300 hommes d'élite, pendant la guerre du Piémont, en 1536, et Huguenin de Saint-Mauris, gouverneur de Châtillon, servait contre les protestants d'Allemagne, sous les ordres du Comte Maximilien de Bure, pendant cette fameuse campagne où Charles-Quint s'acquit, par le passage de l'Elbe à Mulberg, une si grande réputation comme capitaine. Le Comte de Bure, avec son armée composée de Wallons, remporta des avantages glorieux, prit Darmstadt, Francfort, soumit Strasbourg, et décida de ce côté la défaite des protestants.

Huguenin, dans l'une de ces affaires, eut un poignet abattu d'un coup de hache. Deux Saint-Mauris furent tués dans la révolte des Pays-Bas, en 1583. Ils avaient assisté en 1575 à la bataille de Gembloux, où Don Juan d'Autriche, avec une armée de 15,000 hommes, dispersa 50,000 Flamands révoltés. Le *terce* de Chevreau, formé de Francs-Comtois, fut un des plus brillants dans cette affaire.

Vers 1564, la branche de Sauvaget était éteinte, et ses biens avaient passé en partie au domaine royal. — La branche de Berchenet et son rameau de Bustal finissaient aussi. — En même temps, celle de Châtenois se divisait en trois. Pierre, baron de Châtenois, capitaine et gouverneur du Comté de La Roche et de la Franche-Montagne, Chevalier de Saint-Georges, député de la noblesse vers le Souverain en Espagne et en Flandre, épousa Anne de Courbessaint, qui, après la mort de son frère, François de Courbessaint, lui apporta douze châteaux ou seigneuries, dans le canton qui s'étend de Vesoul à Lure et Faucogney, au pied des Vosges. Jean, cinquième du nom, conserva les biens héréditaires de la famille, et forma deux branches qui se distinguèrent par les surnoms de Sancey et de Saint-Hippolyte ; son troisième frère, Nicolas, Chevalier, que Charles-Quint avait également armé de sa main, se transporta à la cour de Lorraine, par suite de son mariage avec Françoise de Nogent, fille de Dominique de Nogent, Ministre d'État. Il devint écuyer du Duc de Mercœur, et fonda la branche dite de Lambrey, qui, ramenée peu après en Franche-Comté, par un mariage avec Péronne de Vaudrey, substitua ses biens successivement à deux descendants de Pierre. Cette branche, et la première qui lui fut subsistuée, continuèrent à rester au service impérial ou espagnol jusqu'en 1755, que Balthazar-Henri, Comte de Saint-Mauris-Lambrey, reprit du service en France.

Vers cette époque de 1564, on trouve dans les mémoires de la maison de Saint-Mauris un exemple curieux de l'esprit d'aventures qui survivait, après des siècles, à l'extinction de la Chevalerie errante; c'est le pendant du fameux pas d'armes de Don Suaro de Quiñônes, qui eut lieu à peu près dans le même temps, sur la route de Valladolid. Pierre, Jean et Nicolas de Saint-Mauris étaient réunis dans le château de Sainte-Marie, près de Lure; trois chevaliers viennent les y trouver et leur proposent un combat à outrance. Le défi est accepté; les chevaliers hébergés au château de Sainte-Marie, traités avec toute la courtoisie et la recherche imaginables. La journée se passa en fête; le lendemain, les six champions partirent ensemble de bonne intelligence, choisirent près du village de Breuche une éminence entourée d'arbres pour servir de théâtre à leur valeur, et là, sans autres témoins que le soleil, ils s'y disputèrent avec la vie le prix de l'adresse et du courage. Deux des agresseurs furent tués. Le troisième demanda merci. Alors, les trois frères le reconduisirent à Sainte-Marie, soignèrent ses blessures avec les leurs, et le premier usage qu'ils firent de leur rétablissement fut de planter sous le lieu du combat deux croix de pierre chargées d'inscriptions dévotes. Ne semble-t-il pas que l'on en est encore aux héros de la Table ronde?

Adam, fils de Pierre, colonel au service d'Espagne, gouverneur de Château-Neuf et commandant de la Franche-Montagne, employa sa force et son courage, héréditaires dans cette famille, d'une manière plus utile et plus conforme à l'esprit de son temps. Blessé à l'attaque de Verrue, en 1625, lors de la guerre entre la France et l'Espagne, occasionnée par les troubles de la Valteline, il gagna tous ses grades à la pointe de l'épée. Sa fin tragique peint bien l'état malheureux dans lequel était alors plongée la province entourée d'ennemis de toutes sortes, mal défendue par une neutralité trompeuse avec la France. Il résidait momentanément à Châtenois, lorsqu'il apprit qu'une bande de partisans menaçait son château de Sainte-Marie. Quelque diligence qu'il fît, il ne put arriver à Sainte-Marie qu'après l'entrée des pillards. Dès qu'il fut aperçu par les sentinelles, il reçut une balle dans le corps ; mais quoique suivi d'un petit nombre de ses gens, et menacé de la mort qui le saisit quelques heures après, il fit évacuer la place après avoir tué de sa main ceux qui s'obstinèrent à la résistance. — La même année, 1636, son cousin, François de Saint-Mauris, de la branche de Sancey, soutint contre le Comte de Grancey un siège brillant, dans la petite ville de Saint-Hippolyte. Il était renfermé dans la place, avec son frère Marc, trois de ses fils et son gendre Léonard d'Huot-d'Ambre ; de nombreux assauts avaient réduit la garnison aux dernières extrémités; usant alors de hardiesse, François sortit à la tête de sa petite troupe, attaqua vigoureusement comme s'il était soutenu et culbuta l'ennemi. Le Comte de Grancey fut blessé griève-

2

ment, perdit ses équipages et son artillerie, et se retira en disant : *Les places faibles valent autant que les hommes qui sont dedans.* — En même temps que deux Saint-Mauris se distinguaient d'une manière si brillante à l'extrémité septentrionale de la province, leur beau-frère, Antide de La Verne, défendait heureusement Dôle contre une armée où se trouvaient le prince de Condé et le maréchal de Gassion. La peste, la famine, deux mois et demi de tranchée, une brèche ouverte ne pouvaient vaincre la constance et l'intrépidité du Comte de La Verne. Il fut secouru enfin par le Duc Charles IV de Lorraine et le général Gallas, dont Charles de Saint-Mauris, fils de Marc, l'un des héros de Saint-Hippolyte, était le lieutenant. Ainsi, toute la famille prenait sa part dans cette guerre de dix ans, si désastreuse, mais si honorable pour la Franche-Comté. Les armées impériales et catholiques comptaient alors huit Saint-Mauris dans leurs rangs. L'un d'eux, Claude, Capitaine de cent Arquebusiers, revit le Prince de Condé au siège de Thionville, en 1643, et y perdit glorieusement la vie.

Les fils d'Adam de Saint-Mauris et de François devaient avoir hérité d'une haine violente contre la France; depuis deux siècles, tout se réunissait pour rendre le nom français odieux aux Francs-Comtois : la rivalité des Ducs de Bourgogne avec les rois Charles VII et Louis XI, l'usurpation tracassière de ce dernier, la guerre cruelle que leur avait faite Henri IV, les invasions des partisans lorrains protégés par la France, celle des Suédois pendant la guerre de dix ans, événements qui avaient tous été marqués au sceau de la bar-

barie. D'un autre côté, l'administration espagnole avait jeté dans le pays les racines d'une affection profonde pour la maison d'Autriche. Pour les Francs-Comtois, l'Espagne représentait alors l'indépendance et la religion ; la France, le despotisme, la destruction de leur nationalité, sans parler ici de l'esprit de novation religieuse. Quelques politiques entrevoyaient alors, comme du temps de Louis XI, les avantages de la réunion au royaume de France, mais l'apparence d'intérêt personnel qu'ils ne savaient pas déguiser leur ôtait tout crédit. Aussi la conquête opérée rapidement par Louis XIV, en 1668, fut-elle une œuvre de surprise, et sa courte occupation, loin de diminuer les dispositions hostiles des habitants, les exaspéra davantage encore. Lorsqu'en 1674, le Roi entra en personne dans la province, il trouva toutes les villes fortifiées disposées à se défendre. Les châteaux qu'ils n'avaient pas fait démolir, ou qui s'étaient rétablis, lui opposèrent sur tous les points de la résistance. Besançon soutint un siège de vingt-quatre jours. Gray, attaqué par le grand Condé, fut défendu par Paul-François de Saint-Mauris, Comte de Lambrey. La tranchée fut ouverte pendant quatorze jours ; le Comte de Lambrey, criblé de blessures, résista jusqu'au dernier moment ; Louis XIV, cette fois, en recevant les clefs de Gray, n'eut pas à entendre une harangue semblable à celle qu'après le siège de 1668 lui avait tenue M. de Lullin, maire de la ville : « *Sire, votre con-* « *quête serait plus glorieuse, si elle avait été disputée.* » Pendant cette campagne, qui décida pour toujours du sort de la Franche-Comté, Hermanfroi de Saint-Mauris et François son cousin étaient chargés de la défense des frontières. Ce dernier avait été choisi par le Duc de Lorraine, et il s'était concerté avec ce prince et le Duc de Parme, gouverneur des Pays-Bas, sur les moyens à employer dans cette circonstance; mais la province, livrée à ses seules ressources, était trop faible pour résister toujours, et ni le courage, ni la capacité militaire des hommes ne pouvaient empêcher qu'elle succombât.

Paul de Saint-Mauris, gouverneur de Gray, mourut à Auxonne, par suite de ses blessures; François, général de bataille, et Hermanfroi de Saint-Mauris, se retirèrent dans leurs terres d'où ils ne sortirent plus. Leurs fils entrèrent au service de France, mais ils furent regardés par leurs parents comme des transfuges, et repoussés de la maison paternelle. — Il n'y a pas plus de soixante ans, si l'on avait creusé quelque peu profondément le sol de la Franche-Comté, on y aurait trouvé partout les germes mal desséchés de cet amour pour l'indépendance, qui s'exprimait alors par la fidélité *quand même!* envers la maison d'Espagne. La province et la ville de Besançon luttèrent longtemps pour la conservation de leurs franchises, et lorsque ces franchises furent perdues, l'opposition se réfugia sourdement dans le parlement et dans le peuple, qui adopta pour héros les personnages historiques ou fabuleux de la dernière guerre. Il n'est pas de voyageur, qui visite la citadelle de Besançon, sans qu'on lui montre avec orgueil la place d'où un capucin tua, dit-on, le cheval de Louis XIV, et sur les théâtres populaires, l'apparition du vigneron Barbisier, le type de la résistance du peuple aux volontés du *Grand Roi*, était encore, il y a quelques années, applaudie avec un certain retentissement contre le monarque qui dépouilla la ville du droit de nommer ses gouverneurs.

Charles-Emmanuel, fils de François, et les deux fils d'Hermanfroi, Charles-César, Lieutenant général, Claude-Joseph, Brigadier des armées du Roi, conquirent noblement la nationalité française, qui leur manquait par leur naissance et les premiers antécédents de leur carrière. Les deux derniers levèrent un régiment de leur nom. Claude-Joseph, appelé le chevalier de Saint-Mauris, eut une jambe emportée à la bataille de la Marsalle, pendant qu'il enlevait une batterie; blessé de nouveau, il quitta les armes avec le grade de Brigadier et la croix de Saint-Louis. Son frère devint Lieutenant général, gouverneur de la Haute-Alsace, gouverneur des deux Brissac, Commandeur de Saint-Louis. Il fit les campagnes de 1683, 1688, et toutes celles qui signalèrent les dernières années du règne de Louis XIV. Le Maréchal de Villars lui dut le gain de la bataille de Friedlingen; le Maréchal de Tallard lui écrivit après celle de Spire, qu'il avait décidé la victoire par sa conduite. Il mourut l'année suivante, 1704, comblé d'honneurs et criblé de blessures. Charles-Emmanuel, Maréchal de camp, Inspecteur général de la cavalerie, Chevalier de Saint-Louis, prit également une part active et brillante aux événements militaires de ce temps. Son fils fit ériger en Marquisat les terres de Saulx, Châtenay et la Villeneuve, sous le titre de Marquisat de Saint-Mauris, dont ses descendants ont hérité. A la même époque, Marie-Thérèse,

Comtesse de Saint-Mauris, était Grande-Tourière, Tréso-
rière et Lieutenante de Madame la Princesse Charlotte de
Lorraine, Abbesse de l'illustre chapitre de Remiremont.

La génération suivante ne fut pas moins ardente à
prouver son zèle et ses talents pour le service du Roi.
La guerre de Sept ans lui en fournit de nombreuses occasions. Charles-Emmanuel, Comte de Saint-Mauris, né en
1713, était enseigne en 1733; il fit cinq campagnes,
assista à trois sièges et à sept batailles. Chacun de ses
grades fut le prix d'une action d'éclat. A la paix, il était
Brigadier; pour gagner le rang de lieutenant général,
il ne trouvait plus de guerre en Europe; il passa en
Amérique, reçut cinq ans après le grade de Maréchal de
camp, le commandement général des îles du Vent, le
gouvernement de Péronne, et enfin, pour récompense
de *soixante et onze ans* de service, le grade de Lieutenant général. Son frère aîné, le Marquis de Saint-
Mauris, l'avait précédé et accompagné dans cette carrière, tout le temps qu'elle fut active; ils firent tous les
deux des prodiges de valeur au siège de Prague où la
valeur française se montra d'une façon si brillante. A la
bataille de Lutzelberg, leur frère Alexandre, Capitaine
au régiment de Chabrillant, étant resté de tous les capi-
taines le seul à cheval, quoique blessé et son régiment
dispersé, il en rallie les débris, charge l'ennemi, reçoit
une balle dans la poitrine, et n'en achève pas moins sa
manœuvre. Mais ruiné par la guerre, il se trouva trop
pauvre pour rester au service, et se retira avec la croix
de Saint-Louis. — Trop pauvre pour continuer à servir !
Etait-ce donc à tort que l'on appelait à cette époque les

emplois des charges? Qui de nos jours abandonne l'armée, parce qu'il est trop pauvre? c'est plus souvent parce qu'on est pauvre qu'on y reste. — Telle était cette noblesse du dix-huitième siècle, que la plupart des écrivains ont représentée comme dégénérée.

L'avant-garde de l'armée des Princes, en 1792, et ensuite le corps de Condé reçurent dans leurs rangs tout ce qui restait alors de la maison de Saint-Mauris. Jusqu'aux enfants de douze ans émigrèrent et portèrent les armes. C'est quelque chose dont les anciens temps ne fournissent peut-être pas un aussi bel exemple, que cette réunion spontanée sous le drapeau proscrit de tous les gentilshommes de France. Ils arrivaient *par familles*, on pourrait dire, les pères amenant leurs enfants, les cousins se rencontrant au même poste de l'honneur, parce qu'ils avaient les mêmes traditions de fidélité et de fermeté. Quoi que l'on puisse penser de l'émigration sous le rapport politique, personne de bonne foi ne pourra refuser son admiration à cet élan chevaleresque. Derrière eux, que laissaient ces hommes qui allaient combattre en simples soldats, après avoir été officiers? leurs biens qu'ils auraient pu sauver, en se réunissant au gouvernement révolutionnaire, leurs femmes et ceux de leurs enfants qui n'avaient pas encore assez de force pour conduire un cheval. A la première campagne, Achille de Saint-Mauris, âgé de treize ans, mourut de ses fatigues. — En 1815, malgré la dure expérience des temps passés, Achille manquait seul au rendez-vous de Gand. D'autres ont qualifié cela d'un mot fameux, *incorrigibles;* nous l'appellerons, nous, de l'honneur.

Le chef de cette maison, Charles-Emmanuel Poly-
carpe, Marquis de Saint-Mauris, nommé Pair de France
par ordonnance du 5 novembre 1827, Maréchal de
camp, Inspecteur général des gardes nationales de sa
province, Chevalier de l'ordre de Saint-Louis, de celui
de Saint-Jean de Russie, Chef et gouverneur de celui de
Saint-Georges, a terminé cette année sa longue et honorable carrière, laissant postérité. Il avait mis en ordre
et réuni les mémoires de sa famille, sous cette épi-
graphe qui peut servir à tous les ouvrages du même
genre : *Sache être fier de tes pères, si tu veux que tes fils
puissent l'être de toi.* Ses travaux généalogiques, rédigés
avec mesure et modestie, pour les articles qui concer-
nent ses aïeux, mais remplis de recherches curieuses sur
plusieurs familles de Bourgogne et de Lorraine, méri-
tent les plus grands éloges. De nos jours, ce genre
d'études est frappé de discrédit; cependant, il fait une
partie indispensable des connaissances de l'historien, et
l'on peut dire qu'il est pour l'histoire comme les fibres
et les nerfs dans le corps humain. Faites l'histoire de la
Couronne comme les écrivains du siècle dernier, celle
des communes comme les écrivains d'aujourd'hui, vous
n'aurez qu'un tableau bien imparfait des changements
qui se sont opérés en France. Ecrivez l'histoire de la
Noblesse, et votre regard embrassera un ensemble plus
complet. Le Roi n'était-il pas le premier gentilhomme
de son royaume, le chef d'une fédération aristocratique?
les franchises des communes n'avaient-elles pas toutes
leur source dans des concessions et des Chartes octroyées
par la Noblesse? Les matériaux préparés pour l'exé-

cution de cette œuvre sont donc des titres bien fondés à la qualité d'historien.

Nous terminerons cet extrait des Mémoires du Marquis de Saint-Mauris par une phrase qui en résume à elle seule tout l'esprit : *L'honneur d'un nom n'est qu'une tache pour quiconque y déroge.* Le vieil adage dit plus encore : *Noblesse oblige.*

Cᵗᵉ ALBERT DE CIRCOURT.

LA MAISON
DE SAINT-MAURIS

La famille de Saint-Mauris, déjà très notable en
Franche-Comté avant l'année 1130, où nous la voyons
représentée par huit enfants, chevaliers, religieux, chanoines ou chambellans de l'archevêque de Besançon,
accompagna les comtes de la Roche et de Montjoie dans
les guerres de la Palestine, et se signala à l'ombre de la
grande bannière de la Franche-Montagne. En récompense de ses services, elle reçut la *gardienneté* héréditaire des villes et châteaux forts de la contrée, avec des
fiefs et des titres honorifiques, qu'elle posséda pendant
plusieurs siècles. Son vieux manoir, situé *sur Ambon*,
près de Saint-Maurice, dans un emplacement qui n'est
plus marqué que par une promenade taillée dans le roc,
au-dessus des gorges du Dessoubre, avait souvent réuni
les seigneurs de la Roche et de Montjoie qui contractè-
rent avec elle de fréquentes alliances. Richard de Saint-
Mauris avait épousé Adeline de Montjoie, l'an 1060.

Des chartes d'abbayes et de chapitres, dans le siècle
suivant, rappelèrent les donations des sires de Saint-
Mauris, possesseurs de dix fiefs dans les montagnes du
Jura, auprès de la petite ville de Saint-Hippolyte. Dès

lors, ils portent le titre de seigneurs de Saint-Mauris-en-Montagne. Jean III de Saint-Mauris conduisit une troupe de francs-montagnards aux dernières croisades, à là suite de son parrain le comte de la Roche. Celui-ci fut témoin de sa valeur et en reçut de grands services, dont il le récompensa magnifiquement à son retour. Il lui fit épouser Simonne de Vennes, sa parente, et lui confia plusieurs droits considérables dans toute l'étendue des terres du comté de la Roche. C'est à ce vaillant chevalier que remonte la branche des Saint-Mauris-Châtenois, qui s'est continuée jusqu'à nos jours. Son frère aîné fut la tige des Saint-Mauris-Berchenet, qui se sépara de la première sur la fin du xiiie siècle. Saint-Maurice-sur-le-Doubs, dont cette famille avait jeté les fondements, était déjà considérable, car en 1140, Hugues Ier, archevêque de Besançon, donne à sa tante, abbesse de Baume-les-Dames, la propriété de quatorze églises, parmi lesquelles est comptée celle de Saint-Maurice-en-Ajoie. Plusieurs branches, entre autres celle de Lambrey, sortirent des deux précédentes ; mais toutes portèrent dans leur blason, en cimier, dès les temps les plus reculés, un Maure brandissant une épée d'argent, emblème frappant des combats qu'ils soutinrent contre les musulmans, en Palestine, ou sous les murs de Tunis, dans l'armée de saint Louis, et de la gloire qu'ils en rapportèrent.

Lorsqu'éclata la guerre contre les Anglais, les seigneurs, faisant trêve à leurs querelles, se réunirent contre l'ennemi commun, et ne cessèrent de conduire des renforts au malheureux roi Jean. Vaincus eux-mêmes à Brion, et voyant la Comté envahie, ils se retranchent dans leurs forteresses, ne les livrent que pour aller rejoindre les débris des corps d'armées, qui se reforment et disputent pied à pied le sol de la patrie. Le nom des Saint-Mauris se retrouve dans le dénombrement des chevaliers qui combattaient à côté des Cusance et des Grammont, jusqu'à la fin de cette lutte opiniâtre que couronna Jeanne d'Arc.

Dans les querelles privées des seigneurs, les Saint-Mauris intervinrent fréquemment pour prendre en main la cause de la justice et du malheur. Le titre de chevalier, qu'ils portèrent en grand nombre, n'était pas un vain nom ; il signifiait pour eux non seulement prouesse et courtoisie, mais encore fidélité aux plus hautes vertus religieuses et militaires. Une altercation survenue entre Etienne d'Oiselay et l'abbé de Saint-Paul, ayant abouti à faire enlever ce dernier et à l'enfermer dans un château fort, à quatre lieues de Besançon, les vassaux de l'abbaye n'osèrent pas tenter un coup de main sur la forteresse pour délivrer le prélat, tant les seigneurs d'Oiselay étaient redoutables. Ce furent les nobles de la province qui s'émurent et qui, sous la conduite de l'archevêque Amédée de Faucogney, emportèrent de vive force le château d'Oiselay, d'où ils retirèrent l'abbé de Saint-Paul. Richard de Saint-Mauris prit une grande part à l'action.

Une confrérie célèbre parmi la noblesse bourguignonne, l'ordre de Saint-Georges, établi en **1315** par Odoard de Montagu, pour raviver les véritables sentiments de la chevalerie et ménager à ceux qui en faisaient partie des occasions de manifester leur foi, compta souvent parmi ses gouverneurs des sires de Saint-Mauris : honneur précieux, car il leur était conféré par le libre choix de leurs pairs.

Après l'assassinat du duc d'Orléans, en 1407, la France fut livrée à la guerre civile. Jean sans Peur appela à son secours les hommes d'armes de son duché de Bourgogne : les lois de la féodalité commandaient d'obéir. De nombreux corps de gentilshommes, à la tête desquels les chroniqueurs mettent toujours les Saint-Mauris, allèrent se ranger autour de leur seigneur direct et poussèrent vigoureusement la guerre en Flandre et en Picardie. N'ayant pu soustraire le duc de Bourgogne au fer d'un assassin, ils reportèrent à sa veuve Marguerite, mère de Philippe le Bon, l'hommage d'une fidélité inaltérable, qui se traduisit dès lors en haine violente contre la France, à laquelle ils suscitèrent de nombreux ennemis. Perrin de Saint-Mauris se rendit en Savoie pour négocier au nom de la duchesse ; son frère Etienne commandait les Bourguignons qui enlevèrent par escalade la tour de Scanderberg. On peut lire le récit pittoresque de ce fait d'armes dans les Mémoires d'Olivier de la Marche, qui avait reçu sa première éducation à Pontarlier, chez les sires de Saint-Mauris.

Jean IV de Saint-Mauris oublia un instant son attachement au duc Philippe le Bon, pour suivre le drapeau du roi Louis XI, dont il devint le chambellan. D'autres seigneurs, entraînés par Jean de Chalon, avaient également abandonné la cause de la maison de Bourgogne, et avaient prêté l'oreille aux séduisantes promesses du roi de France, qui convoitait la Franche-Comté. Ses prétentions ayant eu plus de chance de succès après la mort de Charles le Téméraire, à cause du mariage projeté entre Marie, fille de ce prince, et le dauphin de France, Jean de Chalon, envoyé par lui dans la province en qualité de gouverneur, s'efforça de lui gagner toute la noblesse. Mais celle-ci favorisait hautement le mariage de la princesse Marie avec l'archiduc Maximilien d'Autriche, dans l'espoir de conserver une grande autorité sous un prince qui serait forcé d'être habituellement éloigné. Ce point de vue, qui rallia sans doute un grand nombre de partisans à l'archiduc, fit triompher sa cause, et après son mariage, personne ne lui marchanda plus une fidélité bien acquise à la princesse Marie. Jean IV de Saint-Mauris lui rendit d'importants services sur les champs de bataille, jusqu'en **1480**, où il était chargé de la revue des compagnies de la noblesse.

A cette époque, la branche aînée des Saint-Mauris-Berchenet, établie sur les deux rives du Doubs, possédait les forteresses de Mathay et de Bermont, avec le gouvernement de l'Isle et de Neuchâtel; la branche cadette, après avoir recueilli des successions considérables en deçà de Lure, se voyait maîtresse des trois châteaux forts d'Allenjoie, de Bustal et de Roye. L'antique tronc des Saint-Mauris, connus plus tard sous le nom de Saint-Mauris-Châtenois, s'était épuisé à la guerre, en même temps qu'il fournissait des religieux à l'abbaye de Baume-les-Messieurs et à celle de Murbach. De huit qu'ils avaient été sous la bannière du duc de Bourgogne, deux seulement avaient survécu, et demeuraient dans les terres, berceau de leur famille. Des fiefs leur appartenaient entre Saint-Hippolyte et Sancey, sur les deux rives du Dessoubre, au centre de la Franche-Montagne. Deux monuments restent de leurs goûts chevaleresques : le château fort de Châtillon, dont ils eurent le commandement, et la *forte maison* de Belvoir, qui était leur citadelle. C'était aux pieds de ces murailles que l'on voyait accourir les vassaux, lorsque la cloche du beffroi sonnait l'alarme ; c'était là que les sires de Saint-Mauris se trouvaient toujours les premiers pour passer les montres d'armes et conduire les bataillons à l'ennemi. Du haut des tourelles, les dames, aux jours de réjouissances, contemplaient les chevaliers qui brisaient des lances dans la plaine et qui plus d'une fois, pour emporter les applaudissements, se laissaient couvrir de sang et de blessures. Un exemple tiré du mémorial de la famille de Saint-Mauris, et se rapportant à l'année 1564, permet de juger avec quel sang-froid on allait à la mort. Pierre, Jean et Nicolas de Saint-Mauris étaient réunis dans le château de Sainte-Marie, près de Lure : trois chevaliers vinrent leur proposer un défi. On les reçut avec courtoisie : toute la journée se passa en fêtes et en témoignages d'estime et d'amitié. Le lendemain, les six champions gagnaient une éminence entourée d'arbres, non loin du village de Breuche, et là, sans témoin, ils se disputèrent à outrance le prix de l'adresse et du courage. Deux des provocateurs tombent morts ; le troisième demande merci. Alors les trois frères le reconduisirent à Sainte-Marie, soignèrent ses blessures avec les leurs ; et après la guérison, leur première démarche fut d'aller planter au lieu du combat deux croix de pierre chargées d'inscriptions pieuses.

Ces guerriers si affamés de triomphes n'eurent pas à se plaindre de la maison d'Autriche : elle leur ménagea d'assez belles occasions de tirer l'épée. A la bataille de Pavie, Hugues de Saint-Mauris, qui combattait dans les rangs de la cavalerie de Guillaume de Vergy, seigneur d'Autrey, fit si bien qu'il fut armé chevalier par l'empereur Charles-Quint. Dans les luttes contre les protestants d'Allemagne, Huguenin de Saint-Mauris, gouverneur de Châtillon, conduisit à Charles-Quint des corps de régiments wallons, qui se couvrirent de gloire au passage de l'Elbe à Mulberg, puis à Darmstadt, à Francfort et à Strasbourg, dont la reddition décida de ce côté de la défaite des protestants. Il faillit perdre la vie dans un engagement : il eut un poignet emporté d'un coup de hache. Deux autres Saint-Mauris furent tués dans la révolte des Pays-Bas, en 1583, après avoir assisté à la bataille de Gembloux, sous les ordres de don Juan d'Autriche, qui admira l'intrépidité du bataillon dont ils faisaient partie. Ils contribuèrent à donner aux régiments wallons, particulièrement composés de Franc-Comtois, cette haute réputation qu'ils avaient dans tout l'empire.

Pierre III de Saint-Mauris, baron de Châtenois, ayant vendu à ses frères ses seigneuries des montagnes, elles entrèrent bientôt en partie dans le domaine de la couronne, avec la plupart des fiefs de la branche de Sauvaget, qui s'éteignit en 1564. C'est pourquoi Cour et Saint-Maurice, annexés à la seigneurie de Châtillon,

appartenaient à la maison de Lorraine sur la fin du
XVIᵉ siècle. Le baron de Châtenois, par son mariage avec
Anne de Courbessaint, avait acquis douze seigneuries
ou châteaux forts, entre Vesoul, Lure et Faucogney.
Son frère Jean devint la tige des deux maisons de Saint-
Hippolyte et de Sancey, et Nicolas, que Charles-Quint
avait armé chevalier de sa main, se transporta à la
cour de Lorraine pour y jouir d'une grande faveur, par
suite de son mariage avec la fille de Dominique de Nogent, ministre d'Etat. C'est de lui que descendent les
comtes de Lambrey.

Cependant la province allait ressentir le contre-coup
des défaites de l'empereur Charles-Quint à Leipzig et
sur le Rhin. Elle lui avait constamment envoyé des renforts, qui n'avaient pu tenir contre les lieutenants du
roi de Suède, Gustave-Adolphe. La France lança sur elle
un des plus redoutables de ceux-ci, le duc de Weymar,
accompagné de dix-huit mille hommes des anciennes
armées de la Suède, de la Hollande, de la France et des
royaumes protestants d'Allemagne. En 1636, le comte
de Grancey, conduisant l'avant-garde de Weymar, se
présenta sous les murs de Saint-Hippolyte, qu'il somma
de lui ouvrir ses portes. Grâce à la vigilance du capitaine de la Roche, Marc de Saint-Mauris, la ville était
fortifiée et fit bonne contenance. Marc, aidé de ses trois
fils et de son frère François, soutint, avec une petite
garnison, les nombreux assauts de l'ennemi, et, par de
fréquentes sorties, l'empêcha de mettre ses canons en
batterie. Tout à coup la nouvelle s'étant répandue qu'un
corps de quatorze cents montagnards arrivait sur les

derrières des Suédois, Marc et François de Saint-Mauris
s'élancèrent hors de la place, culbutèrent le détachement de Grancey, lui enlevèrent tentes et équipages et
le contraignirent à prendre la fuite. Le comte, blessé
grièvement, se retira en disant : *Les places faibles
valent autant que savent les défendre ceux qui sont
dedans.*

L'empereur, informé de l'héroïque défense de Saint-
Hippolyte, chargea l'un des Saint-Mauris d'occuper,
avec un fort détachement, l'importante place de Pontarlier et de couvrir la frontière du comté de Neuchâtel,
par où l'ennemi pouvait de nouveau faire irruption. Ce
fut par le val de Saint-Ursanne qu'il rentra, les derniers
jours de l'année 1638, sans éprouver de résistance de la
part des troupes du duc de Lorraine, qui ne se présen-
tèrent pas. Tout le plateau des montagnes fut inondé de
ces bandes forcenées, qui s'avançaient lentement et de
front vers l'extrémité sud-ouest de la province. Elles
arrivèrent devant Morteau le 10 janvier 1639. Le bataillon de Morteau se présenta pour disputer le passage,
mais la lutte était trop inégale : Weymar écrasa cette
poignée de braves, dévasta Morteau et remonta la vallée
du Doubs.

Le 17 janvier, soixante de ses cavaliers apparaissaient
sur les hauteurs de Pontarlier, tandis que deux cents
allaient piller l'abbaye de Montbenoît, et le 19, M. de
Saint-Mauris, commandant la place, était sommé de la
rendre à Son Altesse le duc de Weymar. Il répondit que
Sa Majesté Catholique lui ayant confié cette place, il
ferait son devoir, et le siège commença.

La cavalerie était descendue par la montagne des Pareuses, et l'infanterie s'avançait par le village de Doubs, afin que la ville fût cernée de toutes parts. Sur le soir, les deux faubourgs, dont l'un, le faubourg Saint-Pierre, était déjà presque entièrement brûlé, furent occupés par les régiments français et suédois, prêts à donner l'assaut. Mais à peine avaient-ils commencé l'escalade, que les assiégés, présents partout, dirigèrent sur eux une vive fusillade, ou, se précipitant sur ceux qui montaient, les renversaient au pied des échelles. Force fut d'y renoncer, pour entreprendre une mine sous la tour du collège. Une batterie, ayant lancé quelques volées de canon, dissipa les assiégés qui voulaient se maintenir auprès de la tour, et les ennemis purent s'en approcher. Le lendemain, ils la saluèrent de vingt-quatre décharges, et, à l'entrée de la nuit, dressèrent les échelles du côté du pont. Tandis qu'on les repoussait, une nouvelle escalade était tentée entre les tours du collège, puis une autre près de la porte Notre-Dame, à la faveur des eaux glacées du Doubs. Sur tous les points, l'on se battait avec acharnement; mais ce fut principalement du côté de la poterne voisine de la chapelle de la Croix, que se concentrèrent les efforts. Là les assaillants furent renversés morts sur la glace, et, parmi eux, un officier de distinction, qui essaya vainement d'enfoncer la poterne. Des mousquetaires, placés sur le haut des maisons, en face du principal poste d'occupation des ennemis, observaient leurs mouvements et ripostaient à leurs attaques, n'ayant eux-mêmes rien à craindre sous les abris qui les protégeaient.

Le jour suivant se passa sans hostilité. Pour ne pas laisser la place découverte en cas que la tour vînt à s'écrouler, M. de Saint-Mauris fit élever une muraille longeant la cour du collège, et brûla les moulins qui servaient de refuge aux ennemis, et d'où ils faisaient des décharges meurtrières. Ceux-ci s'en vengèrent en livrant aux flammes le faubourg Saint-Etienne, qui fut entièrement ravagé, avec une partie de son église, et, si le vent n'eût tourné, toute la ville était réduite en cendres. Profitant du désordre causé par l'incendie, ils tentèrent un coup de main décisif; mais au moment où ils approchaient avec les échelles, le feu des mousquetaires et des arquebusiers jeta parmi eux la confusion, et les contraignit à retourner en arrière.

Cependant la détresse était extrême dans la ville. Près des trois quarts des habitants s'étaient retirés dans les cantons de Fribourg et de Neuchâtel, asiles toujours ouverts à nos pères au temps du malheur. C'était en vain que l'on attendait le secours du duc de Lorraine, campé au *val Maillot*, à quatre lieues de la ville : depuis neuf jours, il n'avait pas répondu aux prières des assiégés. La faim commençait à se faire sentir, l'eau manquait, et l'on ne pouvait puiser à la rivière, profondément glacée. Il n'était pas possible de se défendre plus longtemps.

De deux canons que l'on avait au commencement du siège, l'un était hors de service, de même qu'une grande quantité de mousquets, et les provisions de guerre allaient être épuisées. Les bourgeois se rendirent auprès de M. de Saint-Mauris pour le supplier d'entrer en accommodement. D'abord, il refusa d'y consentir; mais enfin, considérant tous les malheurs qu'il allait attirer sur la ville par une plus longue résistance, qui ne ferait qu'irriter davantage les ennemis et mieux découvrir la situation désespérée des habitants, il se laissa persuader. Afin qu'il fût bien constaté que la garnison avait fait son devoir, il exigea une déclaration, signée des notables, portant qu'il ne cédait qu'à la nécessité et au vœu général de la population.

Un parlementaire fut envoyé aux assiégeants : l'on convint de part et d'autre de donner des otages, et l'on attendit les conditions qu'il plairait au duc de Weymar d'imposer. Lui-même ne sortit pas de son quartier; il ordonna que tous les habitants fussent désarmés, qu'ils apportassent, sous peine de mort, toutes les armes à feu à l'hôtel de ville, en déclarant tous les citoyens absents, toutes les provisions de blé et de vin qui se trouvaient dans les maisons. La garnison, conduite par M. de Saint-Mauris, sortit avec les honneurs de la guerre, et sous l'escorte de cinq cents cavaliers suédois, qui l'accompagnèrent jusqu'à Besançon.

Une députation étant allée inviter le duc à prendre ses quartiers dans la ville, il promit que la capitulation serait soigneusement observée, que tous les citoyens seraient respectés dans leurs biens et leur honneur, et incontinent il fit son entrée avec trois mille hommes, au lieu de trois cents que portaient les conventions. Il s'installa dans le couvent des jésuites, tandis que ses soldats brûlaient la rue du Faubourg-Saint-Pierre. Le lendemain, il ouvrit encore les portes à deux mille hommes, qui étaient Français pour la plupart. Ceux-ci occupèrent la Grande-Rue au nord, les Suédois l'occupèrent au sud, vivant tous à discrétion dans les demeures des particuliers. Ces dispositions étant prises, Weymar somma les habitants de Pontarlier de lui apporter, dans huit jours, soixante mille écus d'or pour la rançon de leur ville. Au terme indiqué, comme on n'avait pas toute la somme, il fit arrêter huit des principaux citoyens. On alla se jeter à ses pieds, on promit de recueillir de l'argent dans le plus bref délai, auprès des bourgeois réfugiés en Suisse. Les dix mille écus que l'on rapporta n'ayant pas encore suffi pour compléter la somme, Weymar commanda de couper le nez et les oreilles aux prisonniers. Ni larmes ni supplications ne purent le fléchir ; il répondit sévèrement qu'il n'accorderait pas même un nouveau délai. Le bourreau fut appelé pour l'exécution ; mais, soit humanité de la part des officiers suédois, qui peut-être le cachèrent, soit permission spéciale de la Providence, il ne put être trouvé dans tout le camp : son absence sauva les prisonniers, qui n'eurent à subir qu'une terrible bastonnade. Pendant six mois, Pontarlier fut ainsi abandonné aux vainqueurs. Le duc de Weymar s'efforçait d'attirer les regards sur la religion réformée : chaque dimanche, on se rendait au prêche en grande pompe et dans son quartier ; lui-même se piqua de générosité dans plusieurs rencontres. Une pauvre religieuse ursuline, retenue par la maladie, n'avait pu s'enfuir avec ses sœurs dans le canton de Fribourg ; elle n'avait auprès d'elle qu'une compagne, qui s'était dévouée pour la sauver ou pour mourir avec elle. Lorsqu'elle fut rétablie, toutes deux se hasardèrent à implorer le duc de Weymar, pour avoir la liberté de rejoindre leurs sœurs. Elles traversèrent les rues occupées par les soldats, arrivèrent au quartier du duc et s'adressèrent à son secrétaire, qui, touché de compassion, s'intéressa pour elles auprès de son maître. Le duc voulut les entretenir; il leur donna un chariot attelé de quatre chevaux pour emmener les meubles, et un traîneau pour les voiturer elles-mêmes dans les neiges jusqu'à la ville de Fribourg. Il promit de prendre soin de leur maison, si l'incendie n'était pas général, promesse qui trahissait déjà son intention de brûler Pontarlier. Effectivement, après un séjour de six mois, il y mit le feu et la détruisit en grande partie.

De là, il retourna sur l'Alsace, en promenant partout le fer et la flamme avec un redoublement incroyable de fureur. Il songeait à faire des pays qu'il avait dévastés une principauté indépendante, qu'il eût forcée d'embrasser la réforme; mais la main de Dieu l'arrêta sous les murs de Brisach! Il avait froid; il demanda le manteau de l'un de ses compagnons pour se réchauffer; celui-ci le lui donna, avec la peste dont il venait d'être atteint.

On était en 1639; huit des Saint-Mauris servaient dans les armées impériales et catholiques, toujours animés d'une haine violente contre la France, qui venait d'attirer tant de calamités sur leur patrie, et qui ne tarda pas à montrer le dessein de s'en emparer. Tous les cœurs ne pouvaient qu'être fermés à Louis XIV, malgré les avantages que quelques-uns entrevoyaient dans une réunion à la France, capable de mettre ses sujets à l'abri des envahisseurs. Aussi, après la première occupation de la province par les Français, en 1668, on s'indigna d'une si facile conquête, l'opposition fut bientôt si menaçante qu'une nouvelle campagne devint nécessaire. Ce fut Paul de Saint-Mauris, comte de Lambrey, qui arrêta pendant quatorze jours, le grand Condé sous les murs de Gray, et quand il eut remis les clefs de la ville à Louis XIV, il alla mourir à Auxonne, des suites de ses blessures.

Il fallut tout l'éclat du grand siècle pour rallier la génération suivante à la France; encore les jeunes chevaliers de Saint-Mauris furent-ils regardés comme des transfuges et repoussés de la maison paternelle quand ils entrèrent au service de Louis XIV. Dans le mouvement des guerres qui suivirent, la gloire des Saint-Mauris se trouvant mêlée à celle des Villars, des Vendôme et des Tallard, l'alliance fut consommée. A la bataille de Friedlingen, où commandait Villars, on reconnut que l'habileté et le courage du lieutenant général Charles-César de Saint-Mauris avaient décidé du succès de la journée, et le maréchal de Tallard lui écrivit, après celle de Spire, en des termes non moins flatteurs.

Cette renommée militaire attira souvent à Saint-Maurice les plus hauts personnages de France, d'Espagne et d'Autriche, empressés de réclamer pour leurs souverains l'appui des Saint-Mauris, ou de leur apporter les décorations et les marques les plus flatteuses de l'estime des rois et des empereurs. A une certaine époque de l'année, le château de Saint-Mauris était une petite cour, où les seigneurs des montagnes venaient saluer

les généraux d'armée, les ministres et les princes. L'on
n'a point oublié à Saint-Maurice les fêtes et les réjouissances qui eurent lieu lors du séjour de Turenne dans le
château des illustres seigneurs du pays[1]. Les popula-
tions, fières et éblouies, regardaient avec admiration
tant de splendeur, et s'attribuaient un peu de cette
gloire à laquelle avaient contribué leurs enfants sur les
champs de bataille. Dans les derniers temps, l'on allait
danser au château de Saint-Mauris, au grand contente-
ment des comtes et des comtesses de Ségur, qui admi-
raient la beauté des vieilles rondes comtoises.

Le bruit des armes ne faisait point oublier, au sein
de la famille, d'autres vertus bien plus admirables. De
nobles dames y faisaient bénir la religion par leur dou-
ceur et leur fidélité à tous les devoirs d'épouse, de sœur
et de mère. Plusieurs portèrent le titre de chanoinesses
de Remiremont; quelques-unes s'enfuirent dans la soli-
tude pour s'y consacrer à Dieu : telle Marie-Thérèse de
Saint-Mauris, grande tourière de la princesse Charlotte
de Lorraine.

L'époque de Louis XV déteint moins ici que sur la
plupart des autres grandes maisons de France. Charles-
Emmanuel, comte de Saint-Mauris, nommé en 1733, à
l'âge de vingt ans, enseigne au régiment de Richelieu,
déploya, pendant une longue carrière, beaucoup d'activité et de talents militaires. Il fut présent à sept batailles, à trois sièges, fit sept campagnes et conquit tous

---

1. On montre encore à Saint-Maurice l'arc de triomphe qui fut élevé
à l'entrée du château en l'honneur de M. de Turenne.

ses grades à la pointe de l'épée. Lorsque l'Europe ne lui fournit plus de champs de bataille, il passa en Amérique avec son régiment et le grade de brigadier. Il en revint maréchal de camp, après avoir, pendant cinq ans, bravé la mort qui s'était présentée à lui sous la forme la plus terrible pour un chef de troupes, celle des épidémies. Il y retourna en qualité de gouverneur des îles du Vent, et y conquit son grade de lieutenant général, que lui avaient bien mérité cinquante-deux ans de loyaux et brillants services. Sa longue habitude des camps, son commerce avec les hommes simples et bons du Nouveau Monde, avaient communiqué à ses allures de grand seigneur une certaine âpreté de soldat, sous laquelle se cachait une remarquable bonté de cœur. Très attaché à ses montagnes, où il avait coutume de se reposer des fatigues de la guerre, il se plaisait à revoir ses anciens compagnons d'armes, et ils étaient nombreux dans la contrée, car il faisait fréquemment des levées volontaires pour le service de la France, quelques années avant la révolution. Ses bienfaits les plus signalés étaient pour eux et pour leurs protégés.

Depuis plus de deux siècles, Cour et Saint-Maurice faisaient partie de la seigneurie de Châtillon, qui, après avoir appartenu à la maison de Lorraine, avait passé à Mme de Marsan, gouvernante des enfants de France. En 1771, celle-ci céda gracieusement, à titre de fief simple, les terres de ces deux villages à M. de Saint-Mauris, avec les droits de haute, moyenne et basse justice, et celui de nommer les officiers de la seigneurie. Cette seigneurie, sans apporter de grandes richesses à

M. de Saint-Mauris, le plaçait dans une situation nouvelle à l'égard des villages de Cour et de Saint-Maurice.
Le sort des habitants, leur bonheur et leur tranquillité
lui étaient plus spécialement confiés. On le vit souvent
prendre en mains leurs intérêts, s'occuper des travaux
d'utilité publique, obtenir de l'intendant de la province
de nouvelles routes pour les montagnes, s'interposer
entre la justice et les coupables pour faire grâce, et
même protéger les paysans contre les seigneurs du voisinage. Une femme de Battenans avait osé défendre son
champ contre de nobles chasseurs prêts à froisser la ré-
colte ; ceux-ci se plaignirent à M. de Saint-Mauris, et,
au lieu de la satisfaction qu'ils en attendaient, ils ne
reçurent que des reproches : « Je connais cette femme,
leur dit-il ; ce n'est pas elle qui peut offenser personne
injustement. »

Si des plaintes et des murmures commençaient à
s'élever, c'était contre les intendants et les serviteurs du
château, et non contre le seigneur lui-même, auquel on
aimait à recourir, persuadé qu'on obtiendrait de lui ce
qu'on avait inutilement sollicité de ceux qui l'entouraient. Cette persuasion générale, qui paraissait contra-
dictoire avec le haut rang du maître, ne pouvait venir
que d'une longue expérience de ses bienfaits, à une
époque déjà disposée à fermer les yeux sur les qualités
de la noblesse. Sa bonté naturelle fut plus d'une fois
mise à l'épreuve par les solliciteurs admis en sa pré-
sence ; mais elle ne se démentit jamais.

Un paysan d'Ebey était allé demander grâce pour un
de ses amis qui était sur le point d'être livré à la justice.

Il représenta de son mieux l'innocence de son client;
mais M. de Saint-Mauris, prévenu par des rapports
défavorables, n'en voulait rien croire. La discussion
s'engagea, et dans un mouvement subit de colère, le
vieux général d'armée saisit un couteau de chasse et leva
la main contre le raisonneur. Celui-ci, s'armant à son
tour d'un objet qu'il rencontra, attendit de pied ferme,
déclarant sa résolution de se défendre comme il aurait
fait partout ailleurs. Le seigneur s'apaisa : « Je crois,
« dit-il, que tu as raison, car tu es un homme de cœur.
« La place de greffier de justice de Châtillon est va-
« cante; si tu la désires, je t'y ferai nommer. » Le
paysan accepta, déjeuna avec le marquis, et devint
greffier de la justice de Châtillon. Il n'y eut pas de
poursuites contre son protégé, et toutes les fois que
M. de Saint-Mauris passait à Ebey, il descendait chez le
greffier Perrot.

Mᵐᵉ de Marsan, qui était toute-puissante à la cour, en
sa qualité de gouvernante des enfants de France, fit
avancer la maison de Saint-Mauris dans la faveur du
roi. En 1787, Louis XVI admit aux honneurs de la cour
Charles-Emmanuel de Saint-Mauris, neveu du précédent,
et tige de la branche actuelle, et Mᵐᵉ de Marsan prit
soin de rappeler aux princes et aux princesses tous les
incidents de la longue et glorieuse carrière de son
oncle. Son portrait, ses armes et ses titres figurèrent
dans la galerie de Versailles, à côté des plus grands
noms de la France.

Cette élévation était ordinairement fatale à la fortune
des seigneurs. Il fallut toutes les richesses du marquis

de Saint-Mauris pour soutenir le poids des honneurs de la cour. Outre les seigneuries de Châtenois, la Villeneuve, Saulx, Genevrey, Saint-Maurice, Cour, Courcelles et autres lieux, sa famille possédait des terres et des forêts considérables sur les bords du Dessoubre.

C'est dans cet état que la révolution surprit la famille de Saint-Mauris, que l'on retrouve tout entière auprès du prince de Condé dans le camp de l'émigration. Les spoliations qui suivirent l'ont enlevée à son antique donjon des montagnes du Doubs. Sa résidence ordinaire est le château de Colombier-lez-Vesoul.

La dignité de pair héréditaire de France, à laquelle fut élevé, en 1827, le marquis Charles de Saint-Mauris, maréchal de camp, dernier gouverneur de l'ordre de Saint-Georges, a complété l'illustration de la maison de Saint-Mauris, dont, à toutes les époques de notre histoire, depuis le onzième siècle, nous trouvons les membres nombreux associés aux gloires comme aux souffrances de notre province.

Tels avaient été les seigneurs de Saint-Mauris; tel avait été jusqu'à la fin leur attachement aux nobles traditions de leurs ancêtres. Dès l'époque des croisades, où il est permis de les suivre sur les champs de bataille, à la cour des princes, dans les tournois et les châteaux, on les voit constamment prendre une glorieuse part aux événements de leur siècle, porter très haut le sentiment de l'honneur et de la nationalité, et ne déparant leur dévouement à la religion que par une vieille passion trop chère aux Duguesclin et aux Bayard, la passion de verser le sang dans des combats singuliers. Ils aimaient le peuple, qui secondait si bien leur ardeur martiale ; et les montagnes, qui leur donnaient tant d'hommes forts et d'intrépides compagnons d'armes, étaient bien le séjour qui leur convenait pour qu'ils fussent contents de tout ce qu'ils associaient à eux. Depuis plusieurs siècles, les serfs avaient disparu de leurs terres : des laboureurs, dans l'aisance, y possédaient en foule les champs fertiles qui bordent les rives du Dessoubre et du Doubs, et n'avaient point à se plaindre que la grandeur de leurs maîtres pesât lourdement sur eux.

Aussi, lorsque le comte de Saint-Mauris eut fait construire la route de Maîche à Besançon, par une belle journée du mois d'août 1780, l'on eût pu voir les paysans accourir sur les sommets des rochers qui regardent Saint-Maurice du côté du levant, et, appuyés sur leurs instruments de travail, saluer de leurs acclamations le somptueux carrosse traîné par deux chevaux noirs, et dans lequel étincelaient les décorations et les broderies d'or. On avait devant soi le gouverneur des îles du Vent et du château de Péronne, lieutenant général des armées du roi : l'on savait les batailles auxquelles il avait assisté, la valeur qu'il avait montrée : l'on était ébloui comme devant un reflet de la cour de France, et l'on trouvait naturel qu'il y eût des distinctions pour ceux qui les avaient méritées. Avec les Saint-Mauris, les privilèges de la féodalité n'avaient rien de choquant, parce qu'ils avaient continué d'avoir leur principale raison d'être.

C. NARBEY,
Professeur à Consolation.

PARIS. — IMP. TÉQUI, 92, RUE DE VAUGIRARD.